AF497861

THÉATRE-FRANÇAIS

Direction Teillet

LA REVUE DES ÉPERLANS

Revue locale en cinq actes et huit tableaux, avec prologue
de MM. Hugues Delorme et Paul Delesques

Musique nouvelle de MM. R. Lesens, Duvauchelle et Lorjé

Décors de MM. J. Trembi et H. Vignet

VERS ET COUPLETS

ROUEN

DE L'IMPRIMERIE CAGNIARD

—

1893

DISTRIBUTION

Prologue : L'Art dramatique. — Premier tableau : Cabinet du directeur. — Deuxième tableau : Le Pont-de-l'Arquet. — Troisième tableau : La Cavalcade. — Quatrième tableau : Gens de revue. — Cinquième tableau : Le Radeau de la Méduse. — Sixième tableau : *Danse lumineuse*. — Septième tableau : Le Café du théâtre. — Huitième tableau : Les Dernières Cartouches.

Blanchette, la commère	Mlle	VINET.
Homais, le compère	MM.	HAURY.
Le directeur, le pétomane		MÉDONY.
Le vieux Rouen		BERTIN.
Alphonse, Ribié		BEAUCOURT.
Mme Lefèvre, Champignol		WORMS.
Mme Dubois, Samson		CALVAT.
Mme Péqueux		PÉPIN.
Jacques Ferny		HEURION.
Prosper, Rodolphe Salis		BARSA.
Le grand sénéchal, le centenaire		LABY.
Caporal Grosbon		BONGARS.
Le droit des Pauvres, le Photo-Club		LÉANDRI.
L'Art dramatique	Mmes	PAZZA-MONTLOUIS.
Le Palais-de-Justice, le mascaret		LUSSET.
La Grosse-Horloge, le funiculaire, Dalila, le Berger		RICHARD.
Rouen, Clairette, la machine à désinfecter		BÉRETTE.
La tour Saint-Laurent, le café-concert		FLEURY.
La rue Grand-Pont, le Fistot, le Chat-Noir		CARBET.
Jeanne d'Arc		POTHIER.
La Bourse, la neige		B. CAVELLI.
L'Élysée-Rouennais		DE MILLY.

Éperlans : Mmes DE MILLY, HENRI, POTHIER, HAMELIN, MAFFIOLI, BEAUCOURT.

Danseuse lumineuse, Miss LOLY.

Etc., etc.

LA REVUE DES ÉPERLANS

VERS ET COUPLETS

L'ART DRAMATIQUE

PROLOGUE

Dit par Mme PAZZA-MONTLOUIS

Mesdames et Messieurs, je viens, très indiscrète,
Vous présenter la pièce au nom du Directeur,
Cependant que pour vous le spectacle s'apprête,
Tandis que s'habille et se grime chaque acteur.

Si la sévérité grave de mon costume
Vous troublait quelque peu, n'en prenez point souci,
Mais nous renouvelons une vieille coutume,
Et pour vous haranguer, vous me voyez ici.

Vous avez, je le sais, l'habitude de voir,
Quand on vient réclamer votre aimable indulgence,
Un régisseur ganté de blanc, en habit noir....
Comme lui, je salue, et tousse, et... je commence.

4

Je suis l'Art dramatique : et chacun d'entre vous,
Les plus mornes esprits et les cœurs les plus fous,
Selon que je suis tendre ou que je suis farouche.
A la tristesse au front, le rire sur la bouche.

Je suis la Tragédie altière et surhumaine,
Chantant la Foi, l'Amour, le Devoir triomphants.
Je ne périrai point puisque j'ai pour enfants
      Polyeucte, Horace et Chimène.

Narguant le vice, aimant la douce Vérité,
Je suis la Comédie immortelle : et je brigue
Par l'étude de l'âme et les jeux de l'intrigue
      Les bravos de l'humanité.

Je suis le Drame aussi, le Drame qui fait naître
Des criminels exploits les bons enseignements,
Et le peuple applaudit, ami des châtiments,
      Quand on vient de tuer le traître.

J'exalte la vertu ; je raille les travers
De l'humaine existence aux lendemains moroses,
Par les propos légers ou graves de mes proses
      Et la musique de mes vers.

Je suis la camarade indulgente, dont l'âme
Pour la foule, souvent, trouva des chants vainqueurs,
Eclairant les esprits, et réchauffant les cœurs
      Aux feux d'une rampe de flamme !

Qu'importent les moyens? Que nous font le décor,
Le fard dont nous couvrons la pâleur de nos masques?
Plus grande est la gaîté des farces bergamasques :
            Et Molière est plus noble encor !

Celui-là consacrait, en mourant sur la scène,
Frère du grand Corneille, enfant du vieux Thespis,
La gloire et le pardon suprême de ses fils,
            Voués à la stupide haine....

Grâce à tous mes enfants, poëtes histrions ;
Le diseur de bons mots ou le chercheur de rimes,
Depuis un siècle ici, j'étends les doux rayons
De mon astre riant, fait de clartés sublimes.

Mais oui : depuis cent ans, le Théâtre-Français,
Passant du grave au doux et du triste au frivole,
Riche de son passé, jeune de ses succès,
A Monsieur le Public dit la bonne parole.

Pour aujourd'hui, du moins, ce sera le couplet
Bon enfant, l'art facile et fou de la Revue :
Mais l'habit d'Arlequin n'est-il pas un complet?
Qu'importe si l'intrigue est un peu décousue.

Du moins, vous en aurez ce soir pour tous les goûts.
Faites que votre joie à nos désirs réponde...
Je m'en vais ordonner qu'on frappe les trois coups.
Si vous êtes contents, envoyez-nous du monde.

Premier Tableau. — *Chez le Directeur.*

RONDEAU DES ÉPERLANS

Chanté par M. Haury (HOMAIS, *Le Compère*).

C'est un titre des plus galants :
Du beau poisson couleur d'opale
On a baptisé cette salle
« Le Théâtre des Éperlans. »

Pour mieux attirer les chalands,
Pour mieux tenter leur gourmandise,
Pour mieux parer la marchandise,
— Turbots, carlets, soles, merlans, —

Nos voisines du Vieux-Marché
Ont les trésors de l'hyperbole :
Elles savent, pour une obole,
Discuter sans trop se fâcher :

« Viens, mon cœur... J'vas bien t'arranger !...
« Vois donc qué bell' raie, ma p'tit' dame !
« T'en veux pas ? Mais, foi d'honnêt' femme,
« T'as que d'la morue à manger !... »

— On est vif, mais le cœur est bon,
Si la métaphore est hardie...
Mieux vaut que parole affadie
Ce langage point pudibond.

Nos voisines depuis longtemps
Ont fait leur votre cher théâtre
Où le vaudeville folâtre
Succède aux drames pantelants,

Et, riches en termes galants,
Du fin poisson couleur d'opale
Elles ont baptisé la salle
De « *Théâtre des Éperlans !* »

POUR ÊTRE UNE BONNE COMMERE

(Air : *Mousquetaires au Couvent.*)

Chanté par Mlle *Vinet* (BLANCHETTE, *La Commère*).

LA COMMÈRE

Pour être une bonne commère
Il faut un visage qui plaît,
Chanter gaîment d'une voix claire
En faisant valoir le couplet,
Et pour faire naître l'ivresse,
Sans rime et parfois sans raison,
Avoir pour toutes les saisons
Des refrains remplis d'allégresse !

LE COMPÈRE

Oui, ma chère, c'est bien là
Le vrai rôle de la Commère !...

LA COMMÈRE, LE DIRECTEUR, LE COMPÈRE

A nous la critique facile,
Calembours gais et sans façon,
A nous les airs du vaudeville,
Vivent le rire et la chanson !

______

LORSQUE L'ON FAIT UNE REVUE

(Airs : *La Tournée Ernestin* et *Tararaboum.*)

LA COMMÈRE

Lorsque l'on fait une revue,
 C'est positif,
Il faut soigner le point de vue
 Décoratif.
Certes nous ferons bien les choses
 Pour le public.
Mais où trouver des minois roses ?
 Voilà le hic !
On rencontre bien dans la rue,
 Par-ci, par-là,
La matrone, la vieille grue,
 Et cætera !...
Mais une chos' manque au programme,
 Et cette chose c'est...

Le DIRECTEUR.

  C'est?...

LE COMPÈRE

Veuillez nous l'expliquer, madame...

LA COMMÈRE

Tararaboum, Teillet,
Nous n'avons pas de femmes !
Tararaboum, Teillet,
Il nous faut des p'tit's femmes !

(Reprise en chœur par *Les Éperlans*).

LE COMPÈRE

Nous trouverons en abondance
        Dans la cité
Le commerçant plein d'importance
        Très réputé.
Notre ville vend, — c'est notoire, —
        Au monde entier
Des cretonnes qui sont la gloire
        D' plus d'un rentier...

LA COMMÈRE

On y vend du sucre de pomme
        Aux confiseurs
Et c'est chez nous qu'on trouve en somme
        Les bons faiseurs.
Enfin, pour compléter l' programme,
        Nous verrons aussi...

LE DIRECTEUR

Qui?...

LE COMPÈRE

Veuillez nous l'expliquer, madame ?

(Reprise en chœur du Tararaboum et danse des Éperlans.)

Deuxième Tableau. — *Le Pont de l'Arquet.*

LA DISPUTE DES MARCHANDES

(Air : *Madame Angot.*)

Mme DUBOIS. — *M. Calvat.*

Trainée ?... mé Febr', c'est plutôt toi.
Si qu'on t'appliquerait la loi,
Tu s'rais tous les jours en prison,
Qu' tu bois à perdre la raison.
Ta fille qui n'a pas cor' seize ans
S'est déjà fait faire trois enfants ;
Ton fils tire deux mois : c'est coquet !
Pour voler du vin sur les quais.
Quand on est aussi dégoûtant,
On n' conte pas tant d' sottis' aux gens.
Tu d'vrais bien t' mucher dans un coin
Au lieu d' montrer ton vieux groin.
Va donc ! vrai comme on m'appell' Rose
  T'es t'une pas grand chose (*ter*).
  T'es t'une rien du tout.

Mme LEFEBVRE. — *M. Worms.*

Tu t' tairas pas, dis, la Dubois ?
C'est-y donc d' l'eau clair' que tu bois,

Qu' t'as l' piton rouge comme un homard
Sitôt qu' tu sors de ton plumard?
Les mœurs de Madame? Oh ! là ! là !
Si tous tes amants étaient là,
Faudrait qu'on descende jusqu'au quai :
Y'aurait plus d' place su' l' pont d' l'Arquet.
T'as qu'un éfant su' çu carreau :
Tiens ! tu fich' les aut' au Bureau !
T'auras beau fair' tes embarras,
Tu n' s'ras jamais qu'un vieux cabas !
Effrontée ! attends que j' te cause,
    Espèce de pas grand chose *(ter)*.
    Espèce de rien du tout !

COUPLETS DU CALVADOS

Chantés par M. BEAUCOURT (*Alphonse*).

(Air : *Cloches de Corneville*.)

Le marc de pommes a des richesses
Que le Normand seul sait priser.
Il ne fournit pas aux duchesses
Ses parfums, faits pour nous griser.
Mais, grâce aux bouilleurs généreux,
Il donne du cœur aux malheureux *(bis)*
    Et le pauvr' homme *(bis)*,

Avec l'alcool de pomme,
Tout à l'heure affaibli,
Se sent bientôt ragaillardi.

Reprise du chœur :

Calvados de Normandie,
Rien ne fait piocher comme ça
Et cette tisane-là
Guérit toute maladie.

ALPHONSE

C'est dans l' pays ousque nous sommes
Qu'on sait lui donner son bouquet.
Ça vaut mieux que l' vin pour des hommes
Et ça fait bien dans un banquet.
Parait qu'on veut nous empêcher,
Nous aut' Normands d'en fabriquer ! *(bis)*
        C'est pas à faire *(bis)*
Ou bien sans ça, ma chère,
Nous saurions, et rond'ment,
Secouer les puc's au Parlement.

LA RÉVOLTE DE BONNE-NOUVELLE

(Couplets chantés par M. LABY. — *Un prisonnier).*

(Air des *Petits bateaux*).

REFRAIN.

Petit, tout est petit,
Dans cett' révolt' de Bonn'-Nouvelle.
Je gage et tout me dit
Que c'est quéqu'chose comm' le Lendit.

Les émeutiers, petits,
Qu'un petit but excite,
Se concertent et vite
Sont mis en appétit.
De leurs petits surins,
Avec un petit geste,
Ils vengent, la main preste,
Leurs griefs, les serins.
    Petit, etc.

Or, petit à petit,
On instruit leur affaire.
En justice on défère
Leur crime et leur délit.
On dérange pour eux
Un petit corps d'armée.
La ville est alarmée :
Ça dure un mois ou deux.
    Petit, etc.

PLAINTES DU VIEUX ROUEN

Parodie d'après V. Hugo.

Le Vieux Rouen. — M. Bertin.

Ah ! n'abattez jamais une maison qui tombe !
Qui sait sous quel vieux toit sa carcasse succombe ?
Qui sait combien de jours ses murs ont combattu,
Quand le vent des hivers ébranlait leur vertu ?
Qui de vous n'a point vu·ces fenêtres brisées,
Ces lugubres plafonds, ces portes épuisées,
D'un passé glorieux, vestiges outragés,
Pittoresques débris en vieux haillons changés ?

Frappé par l'architecte, épuisé par la lutte,
Perle avant de tomber et frange après la chute,
Le Vieux Rouen s'écroule et voudrait vivre encor.
La faute en est à vous : à toi, riche, à ton or...
Votre crime, du moins, est de ceux qu'on expie...
Ah ! n'élargissez pas ! Élargir est impie.

LA GROSSE HORLOGE

(Air des *Noces de Jeannette.*)

Mme RICHARD

A mon cadran n'y a pas d'aiguille :
Pour marquer l'heur', c'est bien gênant,

J' suis bonn' à rien quand à présent :
C'était bien la pein' qu'on m' maquille.
                    Ah !
A mon cadran, j'ai pas d'aiguille.

(Air des Cloches de Corneville.)

Sans que rien n'altérât ma voix retentissante
La Rouvel, — ainsi l'a prescrit le Conquérant —
Depuis six fois cent ans toujours obéissante,
Sonne le couvre-feu dans votre vieux Rouen.
Certains jours, dominant les foules enfiévrées,
Aux vents elle a jeté ses appels véhéments ;
Mais lorsque la Pucelle au bûcher fut livrée,
Sur la ville mon glas mit des gémissements.
                    Sonne, sonne, sonne,
                    Sonne, sonne donc.
                    Sonne, sonne, sonne,
                    Notre vieux bourdon !

LE COMPÈRE (*M. Haury*).

Son appel matinal au scrutin vous invite
Pour défendre vos droits avec vos libertés.
Si parfois son marteau sur l'airain précipite
Son choc dur, c'est qu'au loin les funèbres clartés
Du feu dévastateur au secours vous appelle.
Alors, sans hésiter, guidés par les lueurs,
Vous accourez, tirant d'une transe mortelle
L'incendié qui pleure et bénit ses sauveurs.
                    Sonne, sonne, sonne, etc.

LA COMMÈRE *(Mme Vinet).*

Elle n'a pas sonné dans les jours de défaite,
Taisant sa voix d'argent en ces temps malheureux.
Mais comme elle a sonné pour annoncer nos fêtes,
Jetant à nos échos son carillon joyeux.
Et, quand le soir venu, son métal chante encore,
Marquant la fin des jeux et la fin des travaux,
L'enfant s'endort, bercé par son rythme sonore.....
Le repos nous prépare à des labeurs nouveaux.

Troisième tableau. — *La Cavalcade.*

LES MINISTRES

(Air : L'enterrement).

PREMIER MINISTRE *(M. Médony)*.

C'est avec satisfaction
Qu' j'ai visité l'exposition
Qui se tient sur le Cours-la-Reine.
Oui, de plaisir mon âme est pleine.
Y a des instruments aratoires,
Y a des ch'vaux d' trait, y a des caniches,
Des chiens d'aveugle et des chiens d' riches :
J'ai fait d' bell's périod's oratoires.

Mais bien qu'orateur distingué,
Eh ! gué, gué, gué, lariradondé,
Mon succès n'aura qu'un' saison,
    Eh zon, zon, zon.
Bientôt un autr' me remplac'ra,
Raflafla lariradonda,
C'est embêtant, mais c'est comm' ça,
    Oui, comm' ça.

DEUXIÈME MINISTRE *(M. Bongars)*.

Avec non moins d' satisfaction
J'ai visité l'exposition
Du jardin de l'Hôtel-de-Ville :
Ah ! quels doux parfums ell' distille !

Y en a des plant's ! Y en a des fleurs !
J'en ai vu de tout's les couleurs.
Devant ce parterr' magnifique,
J'ai fait des fleurs de réthorique.
Mais bien qu'orateur, etc.

LA RUE GRAND-PONT
(Mlle *Carbet*).

LE COMPÈRE. — LA COMMÈRE.

Hélas ! quelle douleur
Remplit le cœur
De la rue des Carmes !
Hélas ! quelle douleur
Remplit son cœur
De crainte et d'horreur !

LA RUE GRAND-PONT

(Air : Mme *Angot*).

Jadis on m'avait dit : « Petite,
J'enrichirai tes commerçants ;
Tu seras la ru' favorite
Des touristes et des passants !
Aujourd'hui, je vois, l'âme inquiète,
Que des voitur's il faut m' ranger !
Quand on organise une fête,
On m' traite comme un étranger !
J' n'ai qu'à m' brosser ; je n'ai pas d' veine !
C'était pas la peine, c'était pas la peine,
Non, pas la peine, assurément,
D'opérer mon élargiss'ment.

LA CHANSON DE DIANE DE POITIERS

(Air de la *Belle-Hélène*).

Chantée par Mlle VINET (*La Commère*).

On la nommait Diane la Blonde,
Comtesse de Maulévrier.
Elle eût, incendiant le monde,
Fondu la glace en février.
Elle avait fort bon goût, en somme :
Elle ne pouvait résister,
Cependant qu'un roi galant homme
Se plaisait à la tourmenter.

Diane, dis-moi, quel plaisir trouvais-tu
A faire ainsi cascader ta vertu ?

Depuis qu'au royaume des ombres
Diane a rejoint son époux,
Sur ses frasques, qui sont sans nombre,
Pour ou contre on glosa beaucoup.
Mais ell' couvrit de tant d' sculpture
Son mari couché dans l' tombeau,
Qu'on voudrait d' pareille aventure
S'payer un sépulcre aussi beau.

Diane, t'avais vraiment du goût, sais-tu,
Pour compenser ton défaut de vertu.

L'ÉLYSÉE ROUENNAIS

(Air de *Mam'selle Nitouche*).

Chanté par Mlle DE MILLY.

Jour de semaine et jour de fête,
Tout Rouen accourt en mes bosquets

Auxquels l' Jardin des Plantes prête
Un accompagn'ment fort coquet.
De Quevilly comm' de Sotteville
Chez moi l'on arriv' chaque jour,
Et tous les repas de famille
Se donn'nt en ce charmant séjour.
Le Sénéchal en survenant
N' pouvait choisir meilleur camp'ment,
Et je suis certaine, ma foi,
Qu'il s'est trouvé fort bien chez moi.

Cric crac, cuiller à pot,
Faut qu' j'aille surveiller mes fourneaux,
Car l' Sénéchal, tantôt,
Doit dîner à la fortun' du pot.

LES PAGES

(Air du *Petit-Duc*).

Chantés par MM^{lles} Gabrielle Fleury, Beaucourt,
Maffioli et Henry.

Il a l'oreille basse,
Le pauvre sénéchal,
Pour lui quelle disgrâce !
Il n'a pas de cheval.

Il semble tout morose,
Ce guerrier valeureux,
Si valeureux
Il lui manq' quelque chose !
C'est fâcheux,
Très fâcheux.
Il a l'oreille basse, etc.

ROUEN A LA RENAISSANCE

(Air : *En avant, la Normandie*).

Chanté par Mlle BÉRETTE.

Comme on avait pour Mécènes
Les d'Amboise et les Le Roux,
Les artistes par centaines
Vinrent travailler chez nous.

Leur foule active s'empresse :
Ferronniers, peintres, sculpteurs,
Luttant de zèle et d'adresse,
Me revêtent de splendeurs.

> Reine de la Normandie,
> J'eus de glorieux enfants.
> Elle n'est pas engourdie,
> La race des gars Normands !

Puis, cherchant au Nouveau-Monde
Hommes et produits nouveaux,
Mes marchands sillonnent l'onde
De flotilles de vaisseaux.
Et du Brésil on rapporte,
Pour Le Lieur et Caradas,
Sur les quais, près de mes portes,
Les merveilles de là-bas.

> Reine de la Normandie, etc.

LE PALAIS DE JUSTICE ET LA BOURSE

(Air de *Geneviève de Brabant*).

LE PALAIS DE JUSTICE (*M*lle *Lucet*).

Du temps qu'on répare l'outrage,
C'est pas trop tôt, en vérité !

LA BOURSE (*M*lle *Cavelli*).

Que l'on agrandisse ma cage,
Pour moi c'est la félicité.

LE PALAIS

Mais les maçons, ça tient trop d' place
Avec leurs établis géants.

ENSEMBLE

Vraiment y a pas moyen qu'on passe :
L'architecte est trop exigeant.

(*Reprise des deux derniers vers par le chœur*).

LE PALAIS.

Avec les morceaux blancs qu'ils mettent,
J'aurai bientôt l'air d'un damier.

LA BOURSE.

J' crois que l' monument qu'ils projettent
Ne dégott'ra pas le premier.

LE PALAIS.

C'est maint'nant un' cacophonie !
Coups d' marteau d'ssus, coups d' langu' dedans !

J' voudrais qu' l'ouvrage ell' soye finie,
Ça nous épuis', c'est évident.

LE FUNICULAIRE

Chanté par Mme Richard.

Sur la pente raide du Mont-des-Aigles
    L'on m'a placé.
Où ne pousse ni blé, ni foin, ni seigle,
    Moi j'ai poussé.
Des pèlerins, des curieux la foule,
    Joyeusement,
Se presse en mon wagon qui toujours roule
    Paisiblement.

    Du haut en bas, ah ! funiculi,
    Du bas en haut, ah ! funicula,
    Funiculi, funicula *(bis)*,
    Ah ! qu' c'est amusant d' rouler comm' ça.

D' là-haut je contemple toute la ville :
    C'est très joli !
Clochers, pignons, flèches et campanilles
    Bordent le lit
De la Seine aux reflets brillants de moire,
    Aux flots d'argent,
Où resplendit, avec des tons de gloire,
    Le ciel normand.

Du haut en bas, etc.

Quatrième tableau. — *Gens de Revue.*

LES DEUX CANTONS (Sotteville et Couronne)

(Air de *Mademoiselle Nitouche* : *Je suis de Saint-Etienne (Loire)*.

Chanté par Mlle BÉRETTE.

J'habite sur le bord de la Seine,
D'un côté j'ai des artisans ;
De l'autre — et c'est bien ça qui m' gêne —
J'ai des pêcheurs, des paysans.
A Quevilly comme à Sott'ville
Tout l' monde vit dans les ateliers,
Tandis qu'à Couronn', pour vot' ville,
Les gens y cultivent par milliers.

Plaire à ceux-ci comme à ceux-là
    Fut mon dada.
Aussi, messieurs, voilà comment
    On fit mon scind'ment.

Maint'nant nul ne pourrait se plaindre
Vu qu'on a fait d' moi deux cantons,
Mais je renonce à vous dépeindre
L' temps qu' ça resta dans les cartons !
D' mon sort je suis content, en somme,
Voyez : je fais le rodomont,

Et pourtant on m'a traité comme
Dans le jug'ment de Salomon.

Si l' canton d' Sotteville, que voilà,
Est content d' ça,
L' canton d'Couronne, évidemment,
Est dans l' ravissement.

L'APÉRITIF « LE BERGER »

(Air : *Saucisson de Lyon*).

Chanté par Mlle RICHARD.

Je suis le Berger ! avant de manger,
On me prend en France comme à l'étranger.
Que l'on me supplante ? Il n'y a pas d' danger !
C'est l'heure du Berger.

Du Sud au Nord, dans les expositions,
Je caus' des émotions
Aux autr's consommations.
Car les vertus que j' puis' dans l' sol normand
M'assurent vraiment
Un succès éclatant.

Avant de manger, prenez du Berger,
On n' boit qu'ça, en France comme à l'étranger.
Que l'on me supplante ? Il n'y a pas d' danger.
Faudrait pas y songer.

LE CENTENAIRE A ROUEN

(Air de la Grosse Caisse).

Chanté par M. LABY.

Pour célébrer le jour du centenaire,
    On n'a rien négligé,
    Même qu'on a pigé
Dans les parages de la Cannebière
    Certains Dahoméens
    Qu'étaient p't-êtr' pas bon teint.
    Sur le Champ-de-Mars,
    On install' nos lascars ;
        D'vant leurs huttes
        Ils chahutent.
        La foule rigolait :
        C'est tout ce qu'il fallait,
        Mais on se souviendra
        De ce théâtre-là !

        Car c'est seul'ment
        Tous les cent ans
Qu'on voit des trucs si épatants.
        Ni vous ni moi,
        N'pourront, ma foi,
Revoir ça de notre vivant.

LA NEIGE

(Mlle Cavelli).

(Air : *Le Temps des cerises*).

Quand on chantera le temps des étrennes,
Quand les enfants blonds au rire moqueur
      Seront tous en fête,
La ville dès lors sera ma conquête ;
Et les vagabonds auront froid au cœur !
Quand on chantera le temps des étrennes,
Le vent hurlera son refrain moqueur !

Quand il reviendra le temps des étrennes
Où les femmes vont, gaiment, en songeant
      Aux pendants d'oreilles,
Mes rafales, aux froids linceuls pareilles,
Couvriront le sol d'un grand manteau blanc.
Quand il reviendra, le temps des étrennes,
Où les va-nu-pieds meurent en rêvant.

———

LE MASCARET

(Air de *la Gigolette*).

Chanté par Mlle LUCET.

Vous m' trouvez l'âm' tout inquiète,
    Car, cette année-ci,
A Caud'bec, l' jour de ma fête,
    J'ai pas réussi.

Pour m' voir, y' avait des tas de monde :
    Quel rassemblement !
J'ai pas su m' montrer gironde !
    Vrai, c'est assommant.

L' printemps dernier m'avez-vous vue ?
J'ai fait un four devant l' public.
Moi, qu' jusqu'ici l'on trouvait chic,
Ma réputation est perdue !
On va s' ficher d' moi dans la R'vue !

LE PÈRE LA PUDEUR

(Air de *Cadet-Roussel*).

Chanté par M. WORMS.

Je ne suis pas un pudibond *(bis)*
Mais j'estime qu'il serait bon *(bis)*
Des chiens de calmer les désirs :
Où y a d' la chienne, y a trop de plaisir.

LE COMPÈRE ET LA COMMÈRE

Ah ! ah ! c'est agaçant !
Ce brave homme est par trop décent.

LE PÈRE LA PUDEUR

Lorsque je mang' du potage gras *(bis)*
Je l' respir', mais je n' le r'gard' pas *(bis)*

Car je demeur' tout soucieux
En pensant qu'il me fait des yeux.

LE COMPÈRE ET LA COMMÈRE

Ah ! ah ! etc.

LE SOLDAT DU DAHOMEY

(Vieille chanson).

Chanté par M. BONGARS.

Je me suis engagé pour l'amour de la France (*bis*).
Plus solide que jamais,
Je r'viens du Dahomey.
J'ai les galons d'argent
Et me voilà sergent.

C' que nous faisions chez eux, on est prêt à l' refaire (*bis*)
Nous savons bien, hélas !
Qu'on nous attend là-bas !
O France, au nom si doux,
Tu peux compter sur nous.

LE FISTOT DU BOUGAINVILLE

(Air du Petit Faust).

Chanté par Mlle CARBET.

Je suis le Fistot, serviteur fidèle
Du pays de France et de l'Océan,
Fils de ces marins de race immortelle,
Dont le souvenir reste triomphant.
Chercheurs d'horizons, affamés de gloire,
Tous nous combattrons pour le cher drapeau.
Qu'importe la mort après la victoire ?
Qu'importe d'avoir la mer pour tombeau !

Je suis le Fistot, etc.

Nous, Fils du Borda, prenons pour modèles
Ces vaillants, au cœur plus dur que l'airain,
Qui, rois de la mer, sur leurs caravelles,
Vers le Nouveau-Monde ont fait un chemin.
Enfants de Duquesne et Dumont d'Urville,
Leurs nobles exploits s'imposent à nous.
Célébrons Jean Bart, l'amiral Cécille,
Honorons Courbet, aussi grand qu'eux tous.

Je suis le Fistot, etc.

Huitième tableau. *Le Cabaret du Théâtre-Libre.*

SAMSON & DALILA

(Air de *Tourne, mon moulin*, de Delmet).

SAMSON (*M. Calvat*).

Le malheur qui m'arriv' là,
C'est la faute à Dalila.
Après m'avoir pris mes ch'veux,
Ell' m'a crevé les deux yeux.
Tourne, tourne, mon moulin,
Et tourne jusqu'à demain.

Comble d'infélicité !
Je fais courir la cité
Qui m' voit, privé d'un d' mes sens,
Chanter des airs de Saint-Saëns.
Tourne, tourne, mon moulin,
Et tourne jusqu'à demain.

(Air : *V'là les dos !*)

DALILA (Mme *Richard*).

Si tu crois que j' s'rai assez bête
Pour laisser repousser ta toison !
Et puis, qu'il te vienne un coup d' tête
Et qu' tu vienn's démolir ma maison !

Des ciseaux ! des ciseaux!
Ou sans ça gare à tes os.
    T'as beau m' fair' risette :
    J'aurai tes frisettes.
Des ciseaux ! des ciseaux !
Ou sans ça gare à tes os.
    J'aurai tes frisettes,
    A moi, les ciseaux !

CHAMPIGNOL & CLAIRETTE

CLAIRETTE *(Mme Bérette).*

Femme souriante et d'humeur légère,
J' faisais mon service aux Folies-Bergère,
Mais j' rest' plus longtemps que n' l'exig' la loi !

CHAMPIGNOL *(M. Worms).*

C'est absolument la mêm' chos' pour moi :

J'étais engagé au Théâtr'-Français
Pour fair' mes treiz' jours ; mais devant l' succès,
Ma chère, j'ai fait du rabiot comme toi !

CLAIRETTE

C'est absolument la mêm' chos' pour moi.

34

CHAMPIGNOL

Le public rouennais est un public chic :
C'est assurément le plus chic public ;
Et l'on est heureux de subir sa loi !

CLAIRETTE

C'est absolument la mêm' chos' que moi :

Pour fair' le service ya des gens grincheux
Qui pass'nt tout leur temps à se fair' des ch'veux
Je n' me suis pas fait trop d' cheveux, ma foi !

CHAMPIGNOL

C'est absolument la mêm' chos' pour moi !

LE CHAT NOIR

(Rondeau de M. Lorjé).

Chanté par Mlle CARBET.

Je suis le chat noir, et je miaule
Mes gais propos à l'univers.
La province me trouve drôle,
Et Paris sait par cœur mes vers.
Prosateurs et faiseurs de rimes,
Musiciens, peintres, chanteurs,
De Montmartre ont gravi les cimes,
A la voix d' Salis, l'orateur.

Je griffe le gouvernement ;
J'égratigne chaque ganache,
Et l'on fait un rassemblement
Autour de ma queue en panache.
Spectacle profane et sacré
Défile chez moi sur la toile :
Quand j'ai déshabillé *Phryné*,
J'entonne la *Marche à l'Étoile*.
Plein de force et plein de santé,
Dédaigneux des chats de gouttière,
Plus fier que feu le chat botté,
Je trousse ma moustache altière.
Bref, gentiment je fais du lard,
Traitant les autres de fumistes ;
Je travaill' pour l'amour de l'art....
Nourri par Messieurs les artistes.

LES DEUX CIRQUES

(Mlles *Cavelli et Maffioli*.)

A vous je m'en rapporte
Pour ne pas nous lâcher ;
Ouvrez-nous votre porte,
Nous n' pouvons rien toucher
Nous somm's sans domicile,
Et pour dormir tranquille,
Montrez-vous indulgent
En nous donnant un peu d'argent !

PREMIÈRE CLOWNESSE.

C'est entendu faut qu'on s'acquitte
Envers vous le mieux qu'on pourra !
Et puis ensuite ?

DEUXIÈME CLOWNESSE.

Est-il donc besoin d'en dire plus ? Ensuite,
Ensuite le public à notre aide viendra.

PREMIÈRE CLOWNESSE.

Ensuite, c'est possible ! Elle l'a dit : ensuite,
O joie ! ô bonheur ! chez nous chacun viendra !

LE CAFÉ CONCERT

(Mlle *Gabrielle Fleury*.)

Par le bon public gaga,
E I A,
Chaque jour je suis fêté,
A I E,
Des gommeux je suis l'chéri,
A E I,
Je séduis tous les gogos,
E I O,
On chant' mes r'frains dans la rue,
A E I O U.

Pour avoir ce succès-là,
E I A,
Il suffit de chahuter,
A I E,
De détailler sans esprit,
A E I,
Des refrains peu rigolos,
E I O,
Et d'exhiber son tutu,
A E I O U.

Heureus'ment, par-ci, par-là,
E I A,
J' peux du moins interpréter,
A I E,
Pradels, Bruant ou Jul's Jouy,
A E I,
Qui tous mérit'nt les bravos,
E I O,
Ayant des refrains très connus.
A E I O U.

LE PÉTOMANE

(M. Médouy.)

(Air : *Les Commis-Voyageur*.)

Certes la liste est grande
Des mauvaises chansons.

Moi je me recommande
Par mes bonnes façons !
Chacun craint ma puissance,
Ténor ou baryton,
Car, en tout' circonstance,
Je reste dans le ton !

LE CHŒUR.

Quel est donc ce chanteur ?
Et d'où vient cet organe enchanteur ?

LE PÉTOMANE.

Que j' parle ou chante,
Toujours je vante,
Soir et matin,
Mon gai refrain.
L'*Ut* de poitrine,
Je le débine !
J' chant' sans effort,
Beaucoup mieux qu'un ténor...
Qu'un ténor !

(Le Pétomane se retourne. — *Solo de trombone à l'orchestre.*)

LE CHŒUR.

(Air : *Rip-Rip.*)

C'est un rien, un souffle, un rien...
C'est une romance idiote et légère ;
C'est un rien, un souffle, un rien...
Mon cher, retournez aux Folies-Bergère !

LA MACHINE A DÉSINFECTION

(Mlle *Bérette.)*

(Air : *Derrière l'Omnibus.*)

Il paraît que dans notre ville
Il y eut des cas d' choléra !
Alors un ingénieur habile
Me construisit, et me voilà !
On m'a balladé dans la rue
Pour tranquilliser le passant ;
Aussitôt la foule accourue
Eprouvait un besoin pressant.

REFRAIN.

On me transport' par-ci, par-là,
Tra la la la la *(bis)*,
Je fume
Et parfume,
Oui-da,
Tra la la la *(bis)*.
Gloire à celui qui m'inventa.

LA LIBERTÉ DES THÉATRES

(Air de Mlle *Angot).*

Chanté par M. BEAUCOURT *(Ribié).*

Jadis les rois, race proscrite,
Muselaient toute liberté.
La parole était interdite
Pour proclamer la vérité !
Mais à notre époque tout change :
On ne doit craindre nul courroux ;
On dit bien haut le mot qui venge.
L'art théâtral s'adresse à tous.

Pour la liberté de la scène,
    Oui, c'était la peine *(bis)*
C'était la peine, assurément,
De changer de gouvernement.